아름다운 생태 환경 동화

지렁이의 꿈

지렁이의 꿈

초판 1쇄 발행 2019년 6월 10일
초판 2쇄 발행 2021년 5월 10일

지은이   유명은
그린이   박정량

펴낸이   김경옥
펴낸곳   (주)아롬주니어
디자인, 제작 디자인원(031.941.0991)

출판등록번호   제 406-4060002510020006000051호
주 소   서울특별시 마포구 월드컵북로 162-4 1층
전 화   02.326.4200
팩 스   02.336.6738
이메일   aromju@hanmail.net

ISBN   978-89-93179-78-1 73810

ⓒ 유명은, 2019

저작권법에 의해 보호를 받는 저작물이므로 이 책 내용의 일부 또는 전부를 재사용하려면
반드시 저작권자와 도서출판 (주)아롬주니어 양측의 서면 동의를 얻어야 합니다.

아름다운 생태 환경 동화

지렁이의 꿈

유명은 글 | 박정량 그림

(주)아름주니어

차례

1 땅속의 용 10

2 지렁이는 땅굴 파기 대장 13

3 환형동물 22

4 지렁이도 입이 있어요 30

5 지렁이 똥은 황금 36

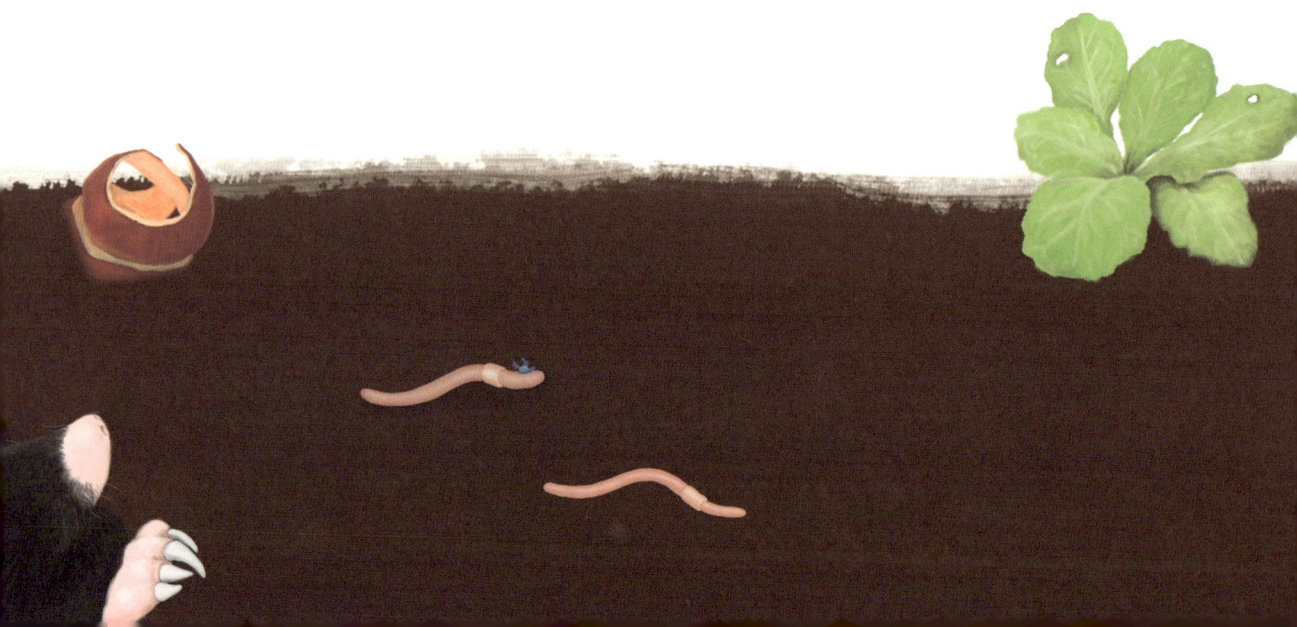

6 슬픈 지렁이　42

7 옆집으로 이사 가다　49

8 농약은 싫어요　58

9 두더지에게 잡히다　65

10 지렁이의 텃밭　71

1
땅속의 용

지룡이는 승민이네 집 텃밭에 사는 지렁이에요. 땅속에 사는 용이라고 해서 지룡이라고 하지요. 지룡이와 친구들은 땅이 촉촉하고 영양분이 많은 승민이네 텃밭에서 사는 것을 무척 좋아해요.

"어? 내 몸이 붉어졌네. 야호, 나도 이제 진짜 지렁이가 되었다!"

붉어진 몸을 보고 기분이 좋아진 지룡이가 소리쳤어요.

"지룡아, 나도 몸이 붉어졌어."

"나도 그러네. 힘도 세진 것 같아. 신난다."

"이제 힘껏 땅굴을 팔 수 있어."

지렁이와 함께 태어난 친구들도 신나서 소리쳤어요.

　암컷과 수컷이 한 몸인 지렁이는 알을 낳아요. 알에서 태어난 지렁이는 처음에는 흰색이었다가 차츰 노란색으로 변해요. 그러다가 약 60일이 지나면 우리가 흔히 보는 붉은색이 되면서 점차 성장한답니다.

　땅속에서 굴을 파면서 땅을 건강하게 하는 지렁이는 전 세계에 약 3,100종이 알려져 있어요. 우리나라에는 지렁이 종류가 60종 정도 있어요.

　지렁이의 몸길이는 대부분 2~5mm부터, 큰 것은 2~3m나 자란다고 해요. 지렁이 종류 중에는 장마 때가 되면 물이 많은 육지를 피해 나무를 타고 올라가는 지렁이도 있다니, 놀랍지요?

2
지룡이는 땅굴 파기 대장

지룡이와 친구들은 몸이 붉어지면서 몸길이도 점점 길어지고 힘도 세졌어요. 그동안 다른 지렁이들이 힘차게 땅굴 파는 것을 부러워했는데, 이제 땅굴도 마음껏 팔 수 있게 되었지요.

지룡이는 승민이네 텃밭 속에서 친구들과 함께 누가 굴을 더 길게 파나 시합을 하면서 재미있게 지냈어요. 지룡이와 친구들이 꿈틀꿈틀 움직이면서 땅굴을 팔 때마다 고소한 흙냄새가 났어요.

잠에서 깨어난 지룡이는 심심했어요. 무엇을 하고 놀까, 고민하던 지룡이는 친구들을 불렀어요.

"친구들아, 잠도 실컷 잤으니 이제 굴을 누가 더 길게 파나 시합하자."

심심해하던 지렁이 친구들이 반가워했어요.

"그래, 지금부터 굴을 파는 거야."

"내가 일 등해야지."

"아냐, 내가 일 등할 거야."

지렁이와 친구들은 몸을 꿈틀거리면서 신나게 굴을 파기 시작했어요. 폭신폭신한 승민이네 텃밭은 굴 파는 것이 전혀 힘들지 않았어요. 몸을 움직일 때마다 흙이 뒤로 밀려나면서 조금씩 굴이 길어졌어요.

"애들아, 우리가 응원할게."

"어서 멋진 굴을 만들어 봐."

텃밭의 채소들이 응원했어요.

채소들의 응원에 지렁이와 친구들은 더욱 신나서 굴을 팠지요. 으쌰으쌰, 영차, 영차 저마다 굴을 파느라 정신이 없었어요.

"앗, 지렁이가 벌써 저만치 앞서가고 있네! 더 열심히 파야지."

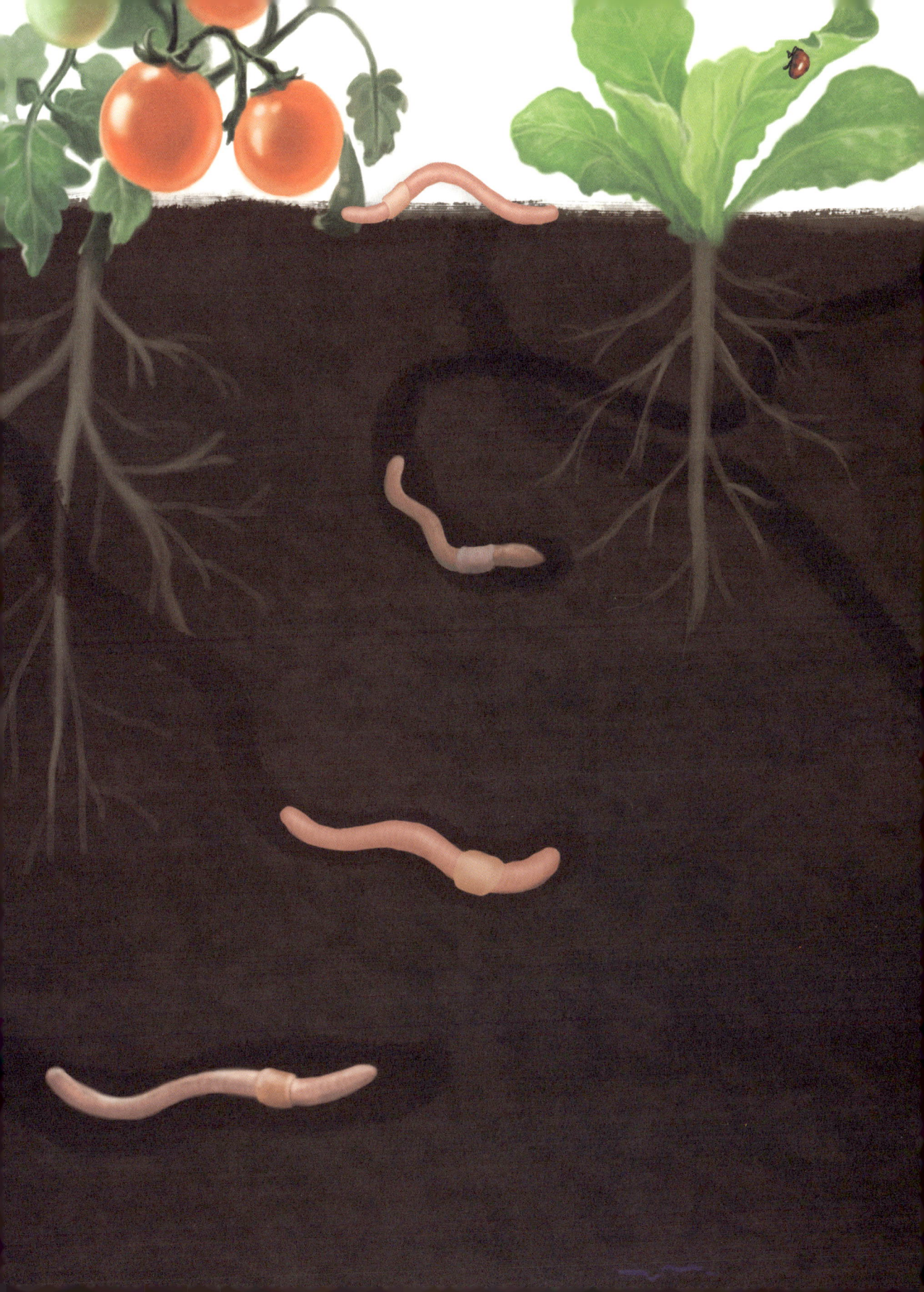

지렁이 친구들이 지렁이 굴을 보고는 열심히 뒤쫓아 갔어요.

드디어 굴 파기 시합이 끝났어요. 뒤를 돌아보던 지렁이가 소리쳤어요.

"이야, 내가 굴을 제일 길게 팠다!"

지렁이는 친구들보다 더 긴 굴을 보면서 무척 즐거워했어요.

"아깝다. 조금만 더 파면 내가 일 등할 수 있었는데."

뒤따라오던 지렁이 친구가 입을 삐쭉거렸어요.

"친구야, 다음에는 네가 일 등할 수 있을 거야."

지렁이 말에 친구는 금세 기분이 풀렸어요.

지렁이와 친구들이 땅굴을 파고 나면, 딱딱했던 땅이 부드러워져서 땅속의 씨앗과 잎이 나기 시작한 텃밭의 채소들도 좋아했어요.

"너희들 덕분에 땅굴에서 신선한 공기가 들어와 참 좋아. 고마워."

"땅굴 때문에 땅도 더 폭신해졌어."

"나는 얼른 잎을 키워야지."

상추 씨앗이 잎을 쑥쑥 키워 내면서 고마워했어요. 상추 옆에 있던 다른 채소들도 땅굴을 통해 들어온 신선한 공기를 마음껏 마셨어요.

"목이 말랐는데 땅굴 덕분에 물이 스며들었네. 얼른 물 마셔야지."

채소 뿌리는 땅속에 고인 물을 먹으며 힘을 냈어요.

채소가 좋아하자 지렁이와 친구들은 더욱 신났어요.

"땅굴을 파고 났더니 배가 고파."

"나도 배고프고 힘들어. 좀 쉬어야겠어."

지렁이와 친구들이 쉬고 있는데, 승민이 엄마가 음식 찌꺼기와 과일 껍질을 텃밭에다 묻었어요.

지렁이는 사람들이 먹고 남긴 음식 찌꺼기와 과일 껍질을 좋아해요.

땅굴을 파느라 힘을 써서 배가 고팠던 지렁이들은 음식 찌꺼기와 과일 껍질을 보자 환호성을 질렀어요.

"야호, 과일 껍질이다!"

"맛있겠다! 어서 먹자. 냠냠."

"너무 맛있어! 챱챱챱."

지렁이와 친구들은 승민이 엄마가 텃밭에다 묻어 준 과일 껍질과 음식물 찌꺼기를 배불리 먹었어요. 그러고는 먹은 음식의 반이나 똥을 누었어요.

"음식을 배불리 먹었더니 튼튼해지는 것 같아."

지렁이가 통통해진 배를 보면서 말했어요.

"응. 그런데 나는 배가 부르니까 졸려."

"아함, 나도 땅굴을 팠더니 힘이 빠지고 졸리네."

지렁이보다 힘이 약한 친구가 하품을 했어요. 그러자 모두 덩달아 하품을 했어요.

"나도 땅굴을 팠더니 힘이 없어. 자야겠어."

"우리 조금만 자고 나서 다시 땅굴 파기 시합할까?"

지렁이 말에 모두 합창하듯 대답했어요.

"그래, 그게 좋겠다."

지렁이와 친구들은 서로 모여서 깊은 잠을 잤어요. 흙은 부드럽고 폭신폭신해서 잠을 자기에도 무척 좋았어요.

"쉿! 얘들아, 지렁이들이 잠들었어. 조용히 하자."

"그래, 지렁이들이 잠을 푹 자고 나야 또 땅굴을 파지."

땅속의 씨앗들이 소곤거렸어요.

지렁이와 친구들이 만든 땅굴 덕분에 부드러워진 흙을 뚫고 나온 씨앗이 빼꼼 얼굴을 내밀었어요.

햇살이 막 땅을 뚫고 나온 새싹 위에 사뿐 내려앉았어요. 햇살이 따스한 오후였지요.

낙엽이나 썩은 뿌리, 동물의 똥 외에도 음식물 찌꺼기와 과일 껍질을 좋아하는 지렁이는 먹이를 땅속 깊은 곳까지 운반하고 이동하면서 땅속에 많은 길을 만들어요.

지렁이가 파 놓은 땅굴을 통해서 땅속에 공기가 통하게 되는데, 딱딱하던 땅에 공기가 섞이면 식물이 자라기 좋은 부드러운 흙으로 변해요. 흙이 부드러워야 식물의 뿌리가 잘 뻗어 나갈 수 있거든요.

그러니까 지렁이가 많은 곳에서 농작물을 재배하면, 농작물이 영양분을 충분히 섭취해 수확량이 훨씬 많아진답니다.

농사철이 되면, 사람들이 땅을 갈아엎어 부드럽게 하지요? 그 역할을 땅속에서 지렁이가 하는 것이에요.

지렁이 덕분에 잘 자란 식물이 떨어뜨린 잎은 부패되면서 지렁이의 먹이가 돼요. 식물이나 열매를 먹고 자란 동물들이 눈 똥도 지렁이의 먹이가 되지요. 먹이를 충분히 먹은 지렁이는 다시 땅굴을 열심히 파는 거랍니다.

지렁이가 파 놓은 땅속의 땅굴은 빗물을 땅속으로 잘 스며들게 해서 식물에게 필요한 수분을 제공해 줘요. 비가 많이 내릴 때는 강우량을 조절하는 역할도 하지요.

지렁이가 하는 일은 정말 좋은 일이지요?

3
환형동물

여름 장마가 시작되자 비가 많이 내렸어요. 비가 계속 내리자 땅속은 너무나 축축했어요.

"땅속에 물이 많아서 몸에 수분이 너무 많아. 잠깐 밖에 나가 햇볕을 쬐어야겠어. 얘들아, 너희들은 안 나갈래?"

지렁이가 친구들에게 물었어요.

"잠깐만 나갔다 올까?"

"나도 나갈래."

비가 잠시 그친 틈을 타서 지렁이와 친구들은 습기가 많은 땅속을 피해 텃밭 가장자리로 나왔어요. 마당은 물기가 말라서 뽀송뽀송했어요.

"아, 따듯하다. 햇볕을 조금만 쐬다가 땅속으로 들어가야지."

"오래 있으면 수분이 마르니까 조금만 있다 들어가야 해."

지렁이가 친구들을 향해 말했어요. 지렁이와 친구들은 텃밭 가장자리에서 잠시 휴식을 취했어요.

그때 대문이 열리면서 승민이 목소리가 들렸어요.

"엄마, 학교 다녀왔습니다!"

초등학교 1학년인 승민이가 학교에서 집으로 돌아온 것이지요. 승민이는 가끔 텃밭에서 흙장난을 했기 때문에 지렁이와 친구들도 잘 알고 있었어요.

"어서 와! 학교생활은 재미있었어?"

엄마가 활짝 웃으면서 승민이를 맞으러 나왔어요. 승민이는 엄마에게 가방을 맡기고는 얼른 텃밭으로 향했어요. 텃밭에는 승민이가 놀다 두고 간 장난감이 있었거든요.

"얘들아, 승민이가 왔어. 어서 땅속으로 들어가자."

지렁이 친구가 소리쳤어요.

"그래, 승민이가 우릴 보면 또 징그럽다고 할 거야."

"우리를 밟을지도 몰라. 빨리 땅속으로 들어가야지."

지렁이와 친구들은 꿈틀꿈틀 움직여 텃밭 안으로 기어갔어요.

그때 텃밭에서 장난감을 갖고 오던 승민이가 지렁이 앞에 우뚝 멈춰 섰어요.

승민이를 본 지렁이의 친구들은 재빨리 땅속으로 쏙 숨어들었어요. 그런데 어떡하죠? 지렁이는 미처 땅속으로 숨지 못하고 말았어요.

"으악, 엄마! 여기 지렁이 있어요. 아유, 징그러워!"

승민이가 소리쳤어요.

지렁이는 깜짝 놀라 꿈틀거렸어요. 승민이는 꿈틀거리는 지렁이를 보고 징그럽다면서 눈살을 찌푸렸어요.

엄마도 승민이 곁에 서서 지렁이를 내려다보았어요.

지렁이는 몸을 움직이려고 했지만 무서워서 제대로 움직여지질 않았어요.

"비가 많이 와서 지렁이가 밖으로 나왔나 보구나."

"비가 오면 땅속으로 들어가야지, 왜 밖으로 나와요?"

승민이가 지렁이를 바라보면서 물었어요.

"응, 땅속에 물이 너무 많으면 지렁이가 숨을 쉴 수가 없단다. 몸에 수분이 너무 많아서 물기를 말리기 위해서 나온 거 같아."

"지렁이가 숨을 쉰다고요? 지렁이는 얼굴이 없잖아요? 코와 입이 없는데 어떻게 숨을 쉬어요?"

엄마를 쳐다보는 승민이의 눈빛엔 궁금증이 가득했어요.

"지렁이도 당연히 숨을 쉬지. 지렁이는 코가 없는 대신 피부로 숨을 쉰단다. 다른 동물과 달리 피부로 숨을 쉬기 때문에, 피부가 민감해서 빛과 진동에 아주 예민해. 지렁이는 사물을 피부나 진동으로 느끼는 거지."

"아하, 그래서 땅속에 있어도 살 수가 있는 거구나! 신기하네요."

"그렇지? 지렁이는 알면 알수록 신기한 동물이란다."

"지렁이가 동물이에요?"

지렁이가 동물이라는 것이 믿기지 않는다는 듯 승민이의 두 눈이 동그랗게 커졌어요.

"지렁이를 보면 몸에 가는 선 같은 것이 많이 보이지? 지렁이의 몸은 100개에서 200개의 가늘고 긴 원통형 고리 모양의 마디로 되어 있어. 마디가 이어져서 몸을 만들고 있기 때문에 지렁이를 환형동물이라고 해."

승민이가 지룡이를 가만히 들여다보았어요. 그러고 보니 정말 지렁이의 몸에 많은 선들이 보였어요.

"어? 정말 그러네요. 몸이 마디로 이어져서 환형동물이라고요?"

"그렇지."

엄마가 설명하는 동안 지룡이는 꿈틀거리면서 텃밭 쪽으로 움직였어요.

"그런데 지렁이가 몸통을 꿈틀거리는 게 너무 징그러워요."

승민이가 지룡이를 가리키며 얼굴을 찡그렸어요.

엄마가 다정한 목소리로 말했어요.

"승민아, 지렁이는 징그러운 게 아니야. 그냥 뼈 없이 길게 생겼을 뿐이야. 지렁이는 땅속에 굴을 파면서 땅을 부드럽게 한단다. 우리 눈에는 보이지 않지만 지렁이의 각 마디에는 짧은 털이 있는데, 몸에 있는 털은 지렁이가 땅속에서 굴을 파면서 자신의 몸을 보호하는 역할을 해."

"아하, 정말 신기하네요!"

지렁이는 얼굴이 없지만 피부로 숨도 쉬고 빛도 느낄 수 있어요. 천적이 다가오는 소리도 알아채고, 냄새도 맡을 수 있답니다. 몸에 빳빳한 짧은 털이 나 있어서 땅속 길을 아주 잘 만들지요.

축축한 땅속에 사는 지렁이는 햇볕이 많은 낮에는 별로 활동하지 않아요. 잘못하다가는 몸의 수분이 모두 말라 죽을 수도 있기 때문이지요. 그렇기 때문에 지렁이는 어두운 밤이나 비 오는 날 땅 위로 나와 활동하곤 한답니다.

땅굴을 부지런히 파서 황폐한 땅을 영양이 많은 땅으로 만드는 지렁이는, 건조한 시기나 겨울에는 땅속 2m 정도 깊이까지 굴을 파고 들어간답니다.

꿈틀꿈틀 지렁이를 그려보아요!

1. 몸통을 그려주세요.

2. 환대를 그려주세요.

3. 마디를 그려주면 완성!

4
지렁이도 입이 있어요

지렁이를 한참 들여다보던 승민이가 고개를 갸웃거렸어요.

"이상하다. 동물이면 밥을 먹어야 하는데, 지렁이는 입이 없잖아요. 눈도 없고 코도 없어요. 지렁이는 아무것도 먹지 않고 살아요?"

승민이 말에 엄마가 웃으며 대답했어요.

"지렁이도 밥을 먹지. 사람뿐 아니라 모든 동물과 식물은 영양분을 섭취해야 살 수 있단다."

"입이 없는데 어떻게 밥을 먹어요? 밥도 피부로 먹어요?"

엄마가 승민이 머리를 쓰다듬었어요.

"지렁이는 눈과 코는 없지만, 입은 있어. 지렁이를 자세히 보면 몸통 끝 부분이 더 굵은 쪽이 있지? 굵은 쪽이 앞이고 머리야. 그 끝에 입이 있고, 반대쪽 끝에 항문이 있단다."

"지렁이가 입도 있고 항문도 있다고요? 그럼 지렁이는 무얼 먹고 살아요? 흙만 먹어요?"

승민이의 두 눈이 다시 동그랗게 커졌어요.

"지렁이는 땅 위에 있는 낙엽이나 썩은 뿌리, 동물의 똥을 흙과 함께 먹는데, 우리가 먹고 남긴 음식물 찌꺼기나 과일 껍질도 무척 좋아해. 이런 것들을 유기물이라 하는데, 이 유기물과 함께 삼킨 흙을 지렁이는 땅속에서 다시 배설을 하는 거야. 그러면 땅은 기름지고, 땅을 갈아 주는 효과가 있는 지렁이의 땅굴 파는 행동이 더해지면서 단단하던 땅은 마치 스펀지처럼 폭신해지지."

"아하, 그렇구나!"

"지렁이는 오래 전부터 지구의 땅을 건강하게 만든 땅의 파수

꾼이라 할 수 있을 만큼 아주 소중한 동물이란다."

"지렁이가 왜 소중해요? 하는 일도 없이 바닥만 기어 다니잖아요. 사람들이 물고기를 잡으려고 낚시할 때 미끼로 쓰기 때문에 그래요?"

승민이가 고개를 갸웃거렸어요.

"물론 지렁이가 물고기의 먹이도 되니까 사람들이 물고기를 잡을 때 지렁이를 많이 쓰긴 해. 하지만 그것 외에도 지렁이는 사람들이 살아가는데 무척 유익한 활동을 한단다."

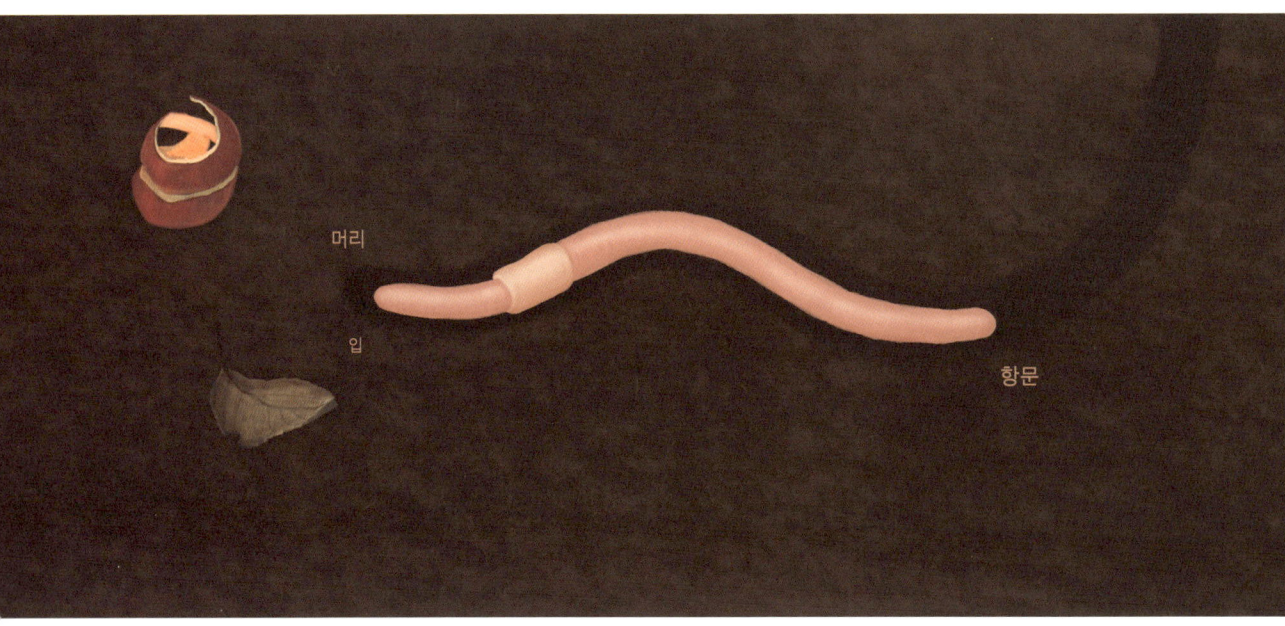

승민이가 신기한 듯 지렁이를 자세히 내려다보았어요. 지렁이는 승민이가 징그럽고 싫다고 할까 봐 움직이지 않고 가만히 있었어요.

"엄마 지렁이에 대해 더 알고 싶어요. 이야기해 주세요."

지렁이에 대해 호기심이 생긴 승민이가 엄마를 졸랐어요.

"그럴까? 승민아, 지렁이가 지구상에서 언제부터 살았는지 알아?"

"음, 100년 전이요."

승민이가 자신 있게 대답했어요. 엄마가 고개를 가로저었어요.

"훨씬 더, 아주 많이 오래전부터야."

"그럼 5,000년 전인가? 아니면 만 년 전이에요?"

"궁금하지?"

"네, 지렁이는 언제부터 살았어요?"

엄마가 차분하게 설명했어요.

"지렁이는 우리 인간이 살기 훨씬 전인 5~6억 년 전부터 살았대."

"우와, 그럼 사람들보다 훨씬 오래전부터 살고 있었던 거예요? 그걸 어떻게 알 수 있어요?"

"지렁이 화석을 연구했거든. 지렁이가 나타난 시대를 고생대라고 하는데, 고생대에는 진화가 거의 안 된 동물이 살던 시대야. 그러니까 지렁이는 인류가 생기기 전부터 지구상에서 살고 있었던 거지."

"고생대에는 주로 어떤 동물들이 살았어요?"

"발견된 화석으로 추정해 보면, 지렁이처럼 척추가 없는 무척추동물이나 바다 생물이 많이 살았다고 해."

고생대의 기후는 따듯했어요. 주로 무척추동물과 바다 생물 화석이 많이 발견되었어요. 절지동물인 삼엽충, 산호, 모뿔 조개, 전갈류 등이 고생대에 살았다고 해요.

고생대 후기에는 식물이 자라기 좋은 환경이라 양치식물이 20~30m로 자라서 무성한 숲을 이루었지요. 세월이 흘러 숲은 땅속에 묻혔는데, 이것은 오늘날 사람들이 연료로 사용하는 석탄이 되없답니다. 흔히 화석 연료라고 부르지요.

나무가 석탄이 되다니 참으로 신기하지요?

고생대 친구들!

5
지렁이 똥은 황금

 승민이는 엄마가 지렁이를 사람에게 유익한 동물이라고 하자, 지렁이가 어떤 활동을 하기에 유익하다는 것인지 궁금해졌어요.

 "엄마 말을 들으니, 지렁이가 그동안 어떤 활동을 하면서 살아왔는지 궁금해졌어요."

 승민이의 목소리에는 호기심이 가득 담겨 있었어요. 승민이가 지렁이에 대해 호기심을 갖자 엄마는 기분이 좋아졌어요.

 "승민아, 우리 집 텃밭에 상추랑 채소들이 예쁘게 자라고 있지? 만약 지렁이가 없다면, 흙은 금세 딱딱해져서 꽃이나 식물들이 자랄 수가 없게 돼. 그러니까 지렁이는 농작물을 키우는데 없어서는 안 될 무척 소중하고 유익한 동물이란다."

"지렁이가 없으면 흙이 딱딱해져요? 왜요?"

"아까 엄마가 지렁이도 항문이 있다고 했지?"

"네. 그러면 지렁이도 똥을 누겠네요. 아이 냄새!"

마치 똥 냄새가 나는 것처럼 승민이가 코를 막으며 손을 휘저었어요. 그 모습을 보고 엄마가 웃자 승민이도 따라 웃었어요.

"지렁이는 땅속에다 길을 내면서 흙을 부드럽게 만드는 역할을 해. 지렁이가 만든 땅굴에 공기가 들어오면서 딱딱한 흙을 부드럽게 만들어. 그런데 지렁이의 똥도 땅을 건강하게 하는데 무척 큰 역할을 한단다. 지렁이는 땅속에 있는 유기물, 그러니까 나뭇잎 썩은 것과 흙을 먹지만 사람들이 먹다 남긴 음식물 찌꺼기도 잘 먹는다고 아까 얘기했지?"

"네. 지렁이는 땅속 청소부 같아요."

"맞아. 지렁이는 땅속 청소부야. 사람들이 먹고 남은 음식물 쓰레기를 지렁이가 먹고 분해하니까, 음식물 쓰레기도 줄고 환경오염을 줄이는데도 많은 도움이 되고 있단다."

"그래서 엄마가 지렁이 먹으라고 음식물 찌꺼기랑 과일 껍질을 텃밭에다 묻어 주는 거구나. 그걸 먹고 지렁이들이 똥을 싸는 거고요."

"그렇지. 지렁이 똥을 분변토라고 하는데, 지렁이 똥에는 식물들이 좋아하는 영양분이 아주 많아. 분변토의 영양분이 땅에 흡수되면서 딱딱한 흙이 부드러워지는 거란다."

"오호, 그러니까 지렁이 똥이 땅이나 식물한테는 비타민 같은 약이네요."

"우리 승민이가 아주 잘 아는구나."

엄마의 칭찬에 승민이가 활짝 웃었어요.

"영양분 많은 지렁이 똥이 자연적인 퇴비가 되어 땅을 비옥하게 만들기 때문에, 승민이가 좋아하는 채소들이 잘 자랄 수 있는 거야. 지렁이 덕분에 우리 집 텃밭에 있는 채소들도 잘 자라고, 네가 폭신폭신한 흙을 만지면서 놀 수 있으니 무척 소중한 동물 맞지?"

"그렇구나! 그러면 우리 집 텃밭에도 지렁이가 많이 살아야 되겠네요."

"그래, 이제는 지렁이가 얼마나 소중한지 알겠니?"

"네. 엄마 말을 듣기 전에는 지렁이가 이렇게 유익한 동물인지 몰랐어요."

엄마 덕분에 지렁이에 대해 몰랐던 것을 알게 된 승민이는 기분이 좋아졌어요.

지렁이 똥을 분변토라고 해요. 분변토는 크기가 0.2 ~ 2.0mm 정도 되고, 좁쌀처럼 둥글거나 타원 모양이에요. 색깔은 흑갈색에, 흙냄새가 나지요.

지렁이는 유기물질이 들어 있는 먹이를 먹고 분해해서 똥을 누어요. 지렁이 똥인 분변토에는 칼슘을 비롯해 영양소가 많이 포함되어 있기 때문에, 지렁이가 많이 사는 곳은 분변토도 많아서 땅이 기름지고 식물이 무척 잘 자란답니다.

중앙아프리카 원시 유목민은 이동할 때 땅을 파서 지렁이가 있는 땅에 자리를 잡고 가축을 키운다고 해요. 지렁이가 땅굴을 파 자연스럽게 흙을 부드럽게 하고, 분변토가 농작물에 영양분을 주어 식물이 잘 자라니까요. 식물이 많으면 사람과 동물에게는 먹을 것이 풍성해지지요.

그러니까 지렁이가 있는 곳은 땅이 좋아 식물이 풍성하게 잘 자라니, 지렁이가 농사짓는데 크게 도움이 되는 중요한 역할을 하는 것이지요. 그만큼 환경에 유익한 지렁이 똥인 분변토는 퇴비로써의 가치도 높아서 전 세계적으로 널리 쓰이고 있답니다.

각 나라에서는 지렁이를 이용해 가정에서 발생하는 생활 쓰레기를 환경 친화적으로 처리하기도 해요. 그러니 지렁이는 지구상에서 없어서는 안 될 아주 유익하고 소중한 동물이랍니다.

6
슬픈 지렁이

승민이에게 지렁이의 활동에 대해 설명하던 엄마가 갑자기 지렁이를 조심스럽게 손바닥 위에 올려놓았어요.

지렁이는 너무 놀라서 꿈틀거렸어요.

엄마의 설명을 들으면서 지렁이의 소중함과 유익함에 대해 알게는 되었지만, 엄마가 지렁이를 집어 손바닥 위에 올려놓자 승민이는 자신도 모르게 소리쳤어요.

"엄마! 징그럽게 왜 그래요? 그냥 밟아서 죽이면 되죠."

놀란 승민이에게 엄마가 조용한 목소리로 말했어요.

"너무나 소중한 동물인데 보기에 징그럽다고 죽이면 안 되지."

"지렁이가 소중한 것은 알겠지만, 다리도 없이 꿈틀꿈틀대잖아요. 나는 지렁이가 싫어요!"

승민이가 지렁이를 보고 자꾸만 징그럽고 싫다고 하자, 지렁이는 너무 슬펐어요. 지렁이는 승민이를 무척 좋아하거든요.

"승민아, 지렁이를 잘 보렴. 지렁이는 눈과 귀가 없어서 보거나 들을 수는 없지만, 네가 지렁이를 싫어하는 것을 너의 목소리 진동으로 알 수 있을지도 몰라. 그러면 지렁이가 얼마나 슬프겠니?"

엄마 말에 승민이가 미안한 표정을 지었어요.

"지렁이도 내가 싫다고 하면 슬퍼요?"

"그럼. 다른 친구들이 너를 싫다고 하면, 너도 마음이 슬프잖아."

"그건, 그래요. 그런데 엄마는 지렁이가 징그럽지 않아요?"

승민이가 궁금한 듯 물었어요.

"엄마는 지렁이가 징그럽지 않아. 엄마가 이야기했듯이 지렁이는 무척 유익하고 소중한 동물이잖아. 소중하게 다루어야지."

엄마가 지룡이를 텃밭에다 내려놓았어요.

지룡이는 그때서야 안심할 수 있었어요. 엄마는 결코 지렁이를 싫어하지 않는다는 것을 안 순간 안심이 되었던 거지요. 하지만 지룡이가 좋아하는 승민이가 자신을 보고 징그럽고, 싫다고 하는 말을 듣고 너무 슬펐어요.

지룡이는 슬픈 마음을 안고 텃밭 땅속으로 들어갔어요.

"무사했구나."

"혹시 승민이가 너를 밟을까 봐 무척 걱정했어."

지룡이를 기다리고 있던 친구들이 반갑게 맞았어요.

"얘들아, 승민이가 날 보고 징그럽대."

지룡이가 침울한 목소리로 말했어요.

"우리도 들었어."

"얼마 전에 나도 승민이를 봤는데, 나보고 징그럽다면서 밟으려고 했어. 간신히 도망쳤지 뭐야."

"승민이가 흙장난을 할 때마다 방해될까 봐 조심했는데, 승민이는 왜 우리를 싫어할까."

지렁이와 친구들은 모두 슬픈 마음이 되었어요.

"승민이는 텃밭에 오면 우리들도 막 밟고 다녀서 친구들이 많이 다쳤어. 나도 가지가 부러졌어."

가지가 부러진 방울토마토가 울먹거렸어요.

"승민이한테 밟혀서 죽어버린 싹도 있어."

상추도 투덜거렸어요.

"얘들아, 승민이가 우리보고 징그럽고 싫다니 너무 슬퍼."

"너무 슬퍼하지 마. 어쩔 수 없잖아."

"그래, 다시는 흙 밖으로 나가지 말자. 그러면 승민이가 우리를 볼 수 없잖아."

친구들이 지렁이를 위로했어요.

"맞아. 승민이도 우리가 무성하게 자라면 텃밭에서 놀 수 없을 거야."

"지롱아, 힘내."

텃밭의 채소들도 지롱이를 위로했어요.

하지만 지롱이의 슬픈 마음은 쉽게 가시지 않았어요. 징그럽고 싫다면서 밟아 죽이라고 한 말이 자꾸만 생각났기 때문이에요.

"우리는 승민이가 좋은데……, 승민이가 우리를 싫어하니 떠나야지 뭐. 우리, 다른 곳으로 이사 갈까?"

지롱이는 너무 슬퍼서 승민이네 텃밭을 떠나고 싶어졌어요.

"이사? 어디로?"

"정말 갈 거야?"

"정말 이사 가려는 건 아니지?"

지롱이 친구들이 놀라 물었어요.

"이사 가기로 결심했어."

지롱이가 단호하게 말했어요.

"안 돼, 가지 마."

상추가 놀라서 소리쳤어요.

"너희들이 이사 가면 우리는 어떡해?"

"맞아, 너희들이 가고 나면 땅은 금세 딱딱해질 거야. 그러면 우리들도 살 수 없어."

"제발 가지 마."

방울토마토와 채소들도 애원했어요.

"얘들아, 미안해……. 승민이가 우리를 싫어하는데, 여기서 계속 살 수는 없을 것 같아."

"지렁이가 이사 간다면, 나도 갈래."

"나도 떠나겠어."

"정든 이곳을 떠나는 게 싫지만, 나도 갈래."

지렁이와 친구들은 이사 가기로 마음을 굳게 먹었어요.

"얘들아, 우리 옆집으로 가서 살아 보자."

지렁이 말에 친구들이 맞장구쳤어요.

"그래, 가끔 승민이가 보고 싶으면 올 수도 있잖아."

"그게 좋겠다."

"멀리 가지 않으니 좋아."

지렁이와 친구들은 함께 옆집으로 이사 가기 위해 꿈틀꿈틀 근육을 움직여 땅굴을 파기 시작했어요.

7
옆집으로 이사 가다

옆집으로 가기 위해 땅굴을 파는데, 얼마쯤 파자 흙이 점점 딱딱해지는 것이 땅굴 파기가 힘들어졌어요.

승민이네 텃밭은 지렁이와 친구들이 판 땅굴도 많고, 분변토가 많기 때문에 흙이 부드러워서 굴 파기가 쉬웠거든요.

"이상하다. 여기는 왜 점점 땅이 딱딱해지는 것 같지?"

지렁이 친구가 땅굴을 파다 말고 말했어요.

"땅이 폭신하지 않아서 땅굴 파는 것이 힘들어."

"승민이네 텃밭은 땅굴 파는 것이 재미있었는데 여기는 너무

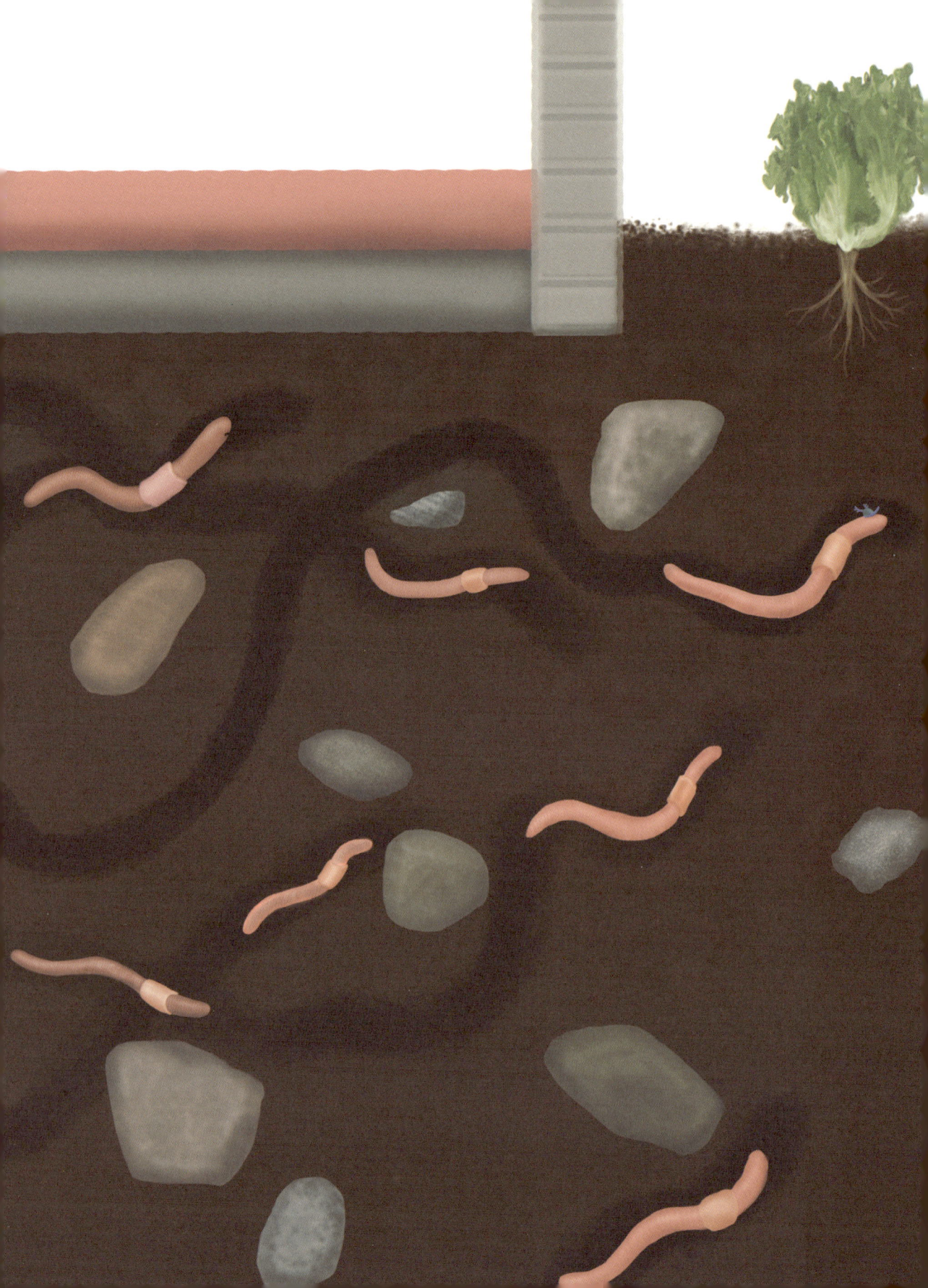

힘들어. 헥헥!"

지렁이와 친구들은 땅굴 파는 것이 힘들어서 잠시 쉬었다 가기로 했어요.

그때 돌멩이가 지렁이 친구의 몸 위로 투두둑 떨어졌어요.

"아야! 돌멩이가 떨어졌어. 이곳은 돌멩이가 너무 많아."

"나도 돌멩이에 맞아서 상처가 났어."

"여긴 돌멩이도 많고 땅이 너무 딱딱해!"

지렁이 친구들이 울먹거렸어요.

"사람들이 다니는 길이라서 그렇겠지. 조금만 더 가면 부드러운 텃밭이 나올 거야."

지렁이가 친구들을 다독였어요. 지렁이의 말에 친구들이 힘을 내어 영차, 영차 열심히 땅굴을 팠어요. 어디쯤 왔나 궁금해진 지렁이가 땅 위로 고개를 쏙 내밀었어요. 머리 위로 파릇파릇한 식물이 보였어요.

드디어 옆집 텃밭에 도착한 지렁이가 친구들에게 말했어요.

"애들아, 옆집 텃밭에 도착했어."

친구들 모두 땅 위로 고개를 내밀었어요.

"어? 여기가 텃밭이 맞는데, 왜 이렇게 땅이 딱딱하지?"

"그러게. 승민이네 텃밭하고는 다르네."

지렁이와 친구들이 고개를 갸웃거렸어요.

옆집 텃밭은 승민이네 텃밭보다 땅이 딱딱했어요. 땅굴도 잘 파지지 않았어요. 신선한 공기도 통하지 않아, 숨쉬기도 답답했어요.

하지만 지렁이와 친구들은 실망하지 않기로 했어요. 여기 있으면 승민이가 자신들을 보고 징그럽다고 하는 소리를 듣지 않아도 되니까요.

"이곳으로 이사 왔으니 이곳 텃밭에 사는 친구들을 찾아보자."

지렁이와 친구들은 열심히 땅굴을 파면서 텃밭에서 살고 있을 지렁이 친구들을 찾았어요. 그런데 아무리 찾아도 지렁이 친구들은 보이지 않았어요. 가끔 죽어 있는 친구들의 모습만 볼 수 있었지요.

"얘들아, 이곳엔 우리 친구들이 없나 봐."

"나도 못 봤어. 왜 없지?"

"여기 있는 친구들은 딴 곳으로 이사를 갔나 봐."

궁금한 지렁이 친구들이 한마디씩 했어요.

"얘들아, 이곳엔 지렁이가 없니?"

지렁이가 텃밭의 깻잎에게 물었어요.

"이곳에 있던 지렁이는 모두 죽었어."

"죽었어? 왜?"

"몰라. 지렁이 본 지 오래됐어."

깻잎이 시큰둥하게 말했어요.

"너희들은 어디서 왔니? 여기서 지렁이를 보다니, 신기하네."

깻잎 옆에 있던 상추가 궁금한 듯 물었어요.

승민이네 텃밭에 있는 상추 잎사귀에는 가끔 벌레가 기어 다니곤 했는데, 옆집 텃밭에 있는 상추는 훨씬 더 싱싱하고 방울토마토도 튼튼했어요.

"응, 우린 저 옆집에서 이사 왔어."

지렁이의 대답에 상추가 부러운 듯 말했어요.

"옆집? 너희들은 좋겠다."

"왜 좋아? 우리는 그곳이 싫어서 떠난 건데. 아니, 싫은 건 아니야."

승민이가 생각나서 지렁이는 말끝을 흐렸어요.

"너희가 살던 곳은 농약을 안 뿌리는 것 같더라고. 나는 농약을 뿌리지 않는 너희가 살던 텃밭이 부러워."

"농약? 농약이 뭐야?"

지렁이 친구가 궁금한 듯 물었어요.

"응, 우리들을 잘 자라게 하려고 벌레가 오지 못하도록 뿌리는 약이야."

"그럼 좋은 거 아니야? 농약 때문에 너희들 잎사귀에는 벌레가 없는 거잖아."

지렁이가 궁금한 듯 물었어요.

"아니야. 우리는 겉으로는 싱싱해 보이지만 농약이 우리 몸에 잔뜩 묻어 있어서 숨쉬기도 힘들어."

"그래?"

"농약이 묻은 우리를 먹는 사람들도 배탈이 난대. 그러니 우리가 얼마나 힘들겠어."

상추와 방울토마토는 울상이 되어 말했어요.

"우리는 정말 농약이 싫어. 농약을 뿌리면 너희들도 여기 살던 지렁이처럼 죽을 거야."

상추가 엉엉 울었어요.

"농약 때문에 우리가 죽는다고?"

지렁이와 친구들이 놀라서 소리쳤어요.

"응, 농약을 뿌리니까 벌레들이 없어지면서 지렁이들도 죽더라고."

방울토마토가 울음 섞인 목소리로 말했어요.

"농약은 무서운 거구나."

"그래, 우리도 농약이 싫어. 농약 때문에 땅도 딱딱해져서 뿌리내리기도 힘들어."

"농약을 많이 뿌리니까, 땅속에는 영양분도 없어."

채소들이 저마다 한마디씩 했어요.

농약의 무서움에 대해서 들은 지렁이와 친구들은 갑자기 옆집 텃밭을 떠나고 싶어졌어요. 하지만 딱딱한 흙을 파느라 너무 힘을 쓴 탓에 기운이 모두 빠져 있었어요.

배가 고픈 지렁이와 친구들은 땅속에서 먹을 것을 찾아보았지만 나뭇잎 썩은 것도, 음식 찌꺼기도 발견하지 못했어요.

"농약 때문에 그런가? 이곳엔 먹을 것도 별로 없어. 배고파……."

"여긴 음식물 찌꺼기도 없어. 나뭇잎 썩은 것도 없고……."

지렁이와 친구들은 부드러운 흙이 있는 승민이네 텃밭이 그리웠어요.

8
농약은 싫어요

 지렁이와 친구들은 딱딱한 땅에서 사는 것이 힘들기는 했지만, 조금씩 적응해 갔어요. 지렁이와 친구들이 열심히 굴을 파고 똥을 누면서 딱딱하던 땅도 조금씩 부드러워졌지요.
 "얘들아, 너희가 오고부터는 땅에 영양분이 많아졌어."
 "숨쉬기도 훨씬 좋아졌어. 이게 모두 너희들 덕분이야."
 상추와 방울토마토가 무척 좋아했어요.
 지렁이와 친구들은 각종 채소들과 친해지면서 이사 온 곳에서도 즐거운 날들을 보냈어요.

가끔 승민이가 보고 싶었지만, 참을 수 있었지요.

그러던 어느 날, 갑자기 이상한 냄새가 나면서 머리가 어지러웠어요.

지룡이와 친구들은 깜짝 놀라 잠에서 깨어났어요. 그런데 어지러워서 움직이기가 힘들었어요.

"얘들아, 너희는 괜찮니? 나는 어지럽고 숨쉬기가 힘들어."

지룡이가 힘겨운 목소리로 친구들에게 물었어요.

"나도 아까부터 몸이 이상해."

"왜 그러지?"

친구들이 비틀거리며 일어났어요.

지룡이는 있는 힘껏 상추에게로 갔어요.

"상추야, 우리 친구들 모두 어지러워. 냄새도 나는 것 같은데 이게 무슨 냄새지?

"또 농약을 뿌리는 거야."

상추가 헉헉거리면서 말했어요.

"뭐? 농약?"

지렁이는 깜짝 놀랐어요.
"숨쉬기가 힘들어. 콜록콜록!"
상추와 방울토마토가 기침을 심하게 했어요.
"농약을 너무 자주 뿌려, 아유 짜증나!"
화난 깻잎이 잎을 마구 흔들었어요.
"얘들아, 어서 도망가! 농약을 뿌리고 있어."
"지금 도망가지 않으면 죽을지도 몰라, 어서 가!"

텃밭 채소들이 지렁이와 친구들을 향해 소리쳤어요.
"이게 바로 농약이라는 거구나. 아휴, 어지러워."
"얘들아, 상추가 하는 말 들었지? 지금 농약을 뿌리고 있대!"
"농약 때문에 우리들이 죽을 수도 있대! 어서 도망가자."
지렁이와 친구들이 서둘러 땅굴을 파고 들어갔어요.
"어쩌면 밖에서 숨을 쉬면 나아질지도 몰라."
지렁이 친구가 밖으로 나가려고 했어요.

"안 돼! 농약을 뿌린다잖아. 지금 나가면 죽어!"

밖으로 나가지 말라는 지렁이의 말에도 불구하고 냄새를 견디지 못한 친구 몇몇이 텃밭 밖으로 나갔어요.

밖으로 나오니, 비가 내리는 것 같았어요.

"어? 비가 내리나 봐."

"근데 왜 이렇게 쓴맛이 나지?"

밖으로 나간 지렁이 친구들은 비를 맞자 몸을 뒤틀면서 쓰러졌어요.

"앗! 이건 비가 아니야. 상추가 말한 농약이란 건가 봐."

농약을 피해 땅속으로 도망친 친구가 지렁이와 친구들을 향해 소리쳤어요.

"애들아, 어서 빨리 땅속 깊은 곳으로 들어가! 농약을 뿌리고 있어. 밖으로 나간 친구가 쓰러졌어. 얼른 돌아가야 해!"

지렁이와 친구들은 얼른 땅속 깊은 곳으로 들어갔어요.

옆집 텃밭이 딱딱하고 지렁이가 살 수 없었던 것은 농약을 자주 뿌렸기 때문이에요.

농약은 채소를 갉아먹는 벌레를 죽이고 채소를 싱싱하게 하지만 고약한 냄새를 풍기면서 각종 벌레와 지렁이들을 말라 죽게 하는 아주 무서운 것이지요.

농약을 많이 친 채소를 먹는 사람들도 농약 때문에 병이 들어 몸이 아프게 된답니다.

결국 농약을 많이 뿌린 땅은 딱딱해져서 식물도 살 수 없는 땅이 되고, 사람들도 아프게 되는 것이지요.

9
두더지에게 잡히다

 농약을 피해 땅속 깊은 곳까지 도망간 지렁이와 친구들은 모두 기진맥진했어요.

 "안 되겠다. 여기 있다가는 우리 모두 살 수 없을 거야."

 지렁이가 기운 없이 말했어요.

 "그래, 상추 말이 맞아. 농약은 정말 무서운 거야. 밖으로 나간 친구들이 죽었잖아."

 "너무 슬퍼. 흑흑……."

 "우리 승민이네 텃밭으로 다시 돌아가자."

"나는 벌써 승민이가 보고 싶어."

지렁이와 친구들은 부드럽고 고소한 냄새가 나는 승민이네 텃밭이 그리웠어요.

"그럼 우리 승민이네 텃밭으로 돌아갈까?"

지렁이의 말에 친구들이 모두 좋아했어요.

"그래, 농약 때문에 여기서는 살 수 없잖아."

"다른 곳으로 또 다시 이사 가는 것보다는 승민이네 텃밭이 좋은 것 같아."

"승민이네 텃밭으로 돌아가자."

지렁이 친구들은 모두 승민이네 텃밭으로 돌아가기를 원했어요.

"그래, 그럼 지금 출발하자."

지렁이는 친구들과 함께 승민이네 텃밭으로 돌아가기로 했어요. 승민이네 텃밭으로 가는 동안에도 너무 어지러워서 제대로 기어갈 수가 없었어요.

"농약을 마신 것 같아. 너무 어지러워."

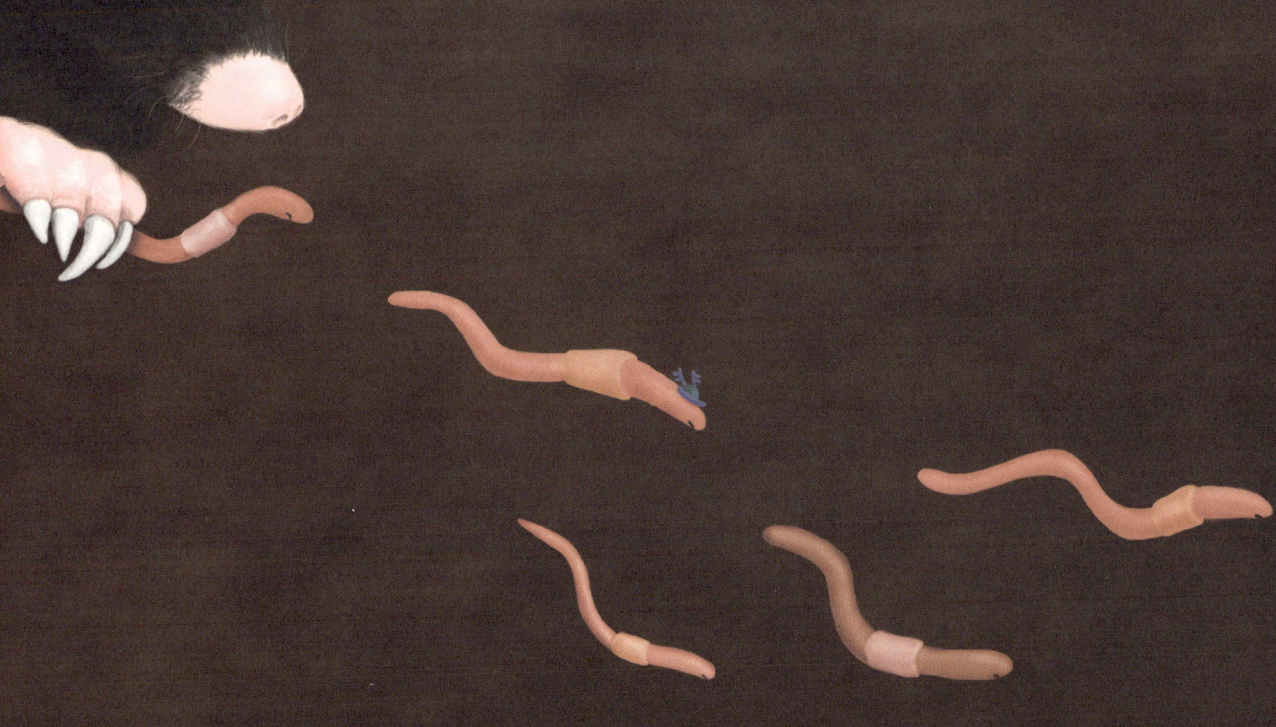

"여기서 쓰러지면 안 돼. 조금만 가면 되니까, 기운 내."

지렁이와 친구들은 서로 위로하면서 힘을 냈어요.

영차, 영차 있는 힘을 모아 굴을 파 길을 만들던 지렁이와 친구들은 "파바박!" 하는 소리에 깜짝 놀랐어요.

"이게 무슨 소리지?"

"가만, 혹시 두더지 아니야? 애들아, 조용히 해."

앞에서 굴을 파던 지렁이가 소곤거렸어요. 그때 뒤에서 다급한 목소리가 들렸어요.

"으아악! 두, 두더지다. 어서 피해!"

"두더지다! 어서 도망 가!"

지렁이와 친구들은 있는 힘을 다해 도망쳤어요.

두더지와 개구리, 새와 물고기는 지렁이를 잡아먹기 때문에 지렁이와 친구들에게는 가장 무서운 동물이에요.

맨 뒤에 있던 친구가 두더지에게 잡혔어요.

"친구가 두더지에게 잡혔어. 어서 도망 가! 얼른 내 앞으로 가!"

지렁이는 친구들을 보호하기 위해 먼저 앞으로 보냈어요. 그런데 친구들을 먼저 보낸 지렁이가 그만 두더지에게 물려 꼬리가 잘리고 말았어요. 지렁이는 그 자리에서 기절했어요.

다행히 두더지는 금방 돌아갔어요.

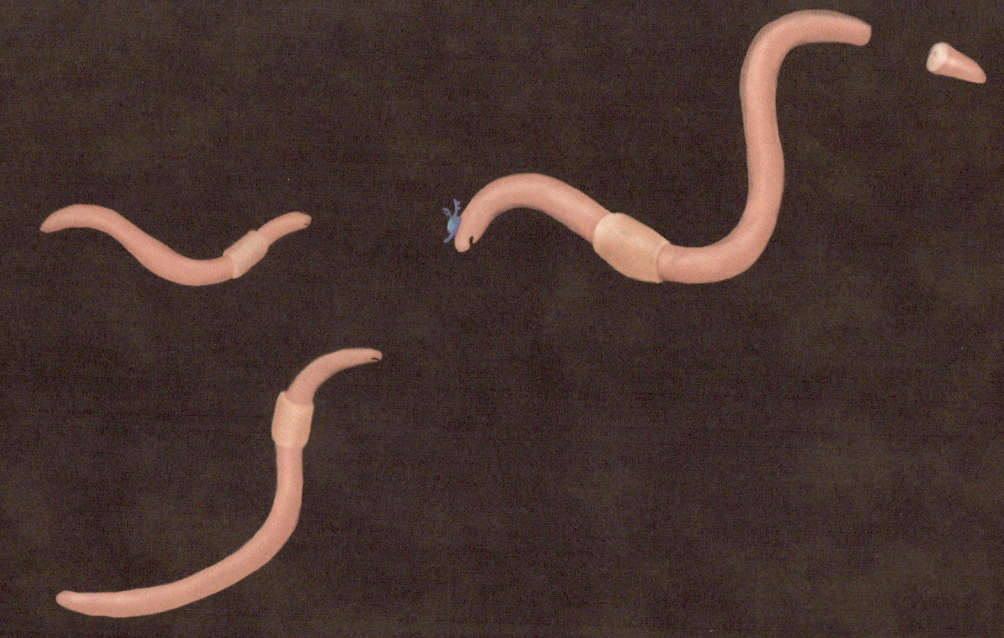

지렁이 앞에 가던 친구들이 두더지가 돌아간 것을 알고는 지렁이에게 다가왔어요.

"애들아, 지렁이가 다쳤어."

"지렁아, 많이 아프지? 조금만 참아. 우리가 치료해 줄게."

"지렁이 덕분에 우리가 살아났는데, 어떡하면 좋아. 흑흑……!"

지렁이 친구들은 지렁이 곁으로 모여 상처를 치료해 주었어요. 친구들 덕분에 지렁이는 깨어날 수 있었어요.

"애들아, 고마워. 너희들 덕분에 다시 움직일 수 있게 되었어."

지렁이가 친구들에게 고마워했어요.

"네가 살아나서 다행이야. 우리는 네가 죽을까 봐 걱정했어."

"지렁이가 죽었다면 너무 슬펐을 거야. 정말 다행이야."

친구들이 진심으로 기뻐했어요.

"이제 괜찮아. 두더지가 다시 오기 전에 어서 승민이네 텃밭으로 돌아가자."

지렁이와 친구들은 다시 힘을 내서 승민이네 텃밭으로 돌아갈 수 있게 되었어요.

얼마의 시간이 흐르자 지렁이의 잘라진 부분에서 새살이 돋기 시작했어요.

마치 도마뱀이 꼬리가 잘려도 다시 자라나는 것처럼, 지렁이는 몸통이 수십 개의 동그란 마디로 되어 있는 환형동물이기 때문에 잘라진 마디에서 새살이 돋아나요. 신기하지요?

10
지룡이의 텃밭

지룡이와 친구들이 떠난 승민이네 텃밭은 땅이 점점 딱딱해졌어요.

쑥쑥 자라던 상추와 방울토마토도 시들시들 말라갔어요.

"지렁이가 없으니까 맛있는 분변토도 먹을 수 없어. 배고파……."

"땅굴이 없으니까 숨쉬기도 힘드네. 지렁이들아, 제발 돌아와 줘!"

"땅이 딱딱하니까 뿌리를 내릴 수가 없어. 흑흑……."

상추와 방울토마토는 눈물을 흘리며 지렁이와 친구들을 그리워했어요.

상추를 따던 엄마는 상추가 얼마 전과는 달리 시들시들한 것을 발견했어요. 옆을 보니 고춧잎도 그렇고, 방울토마토와 다른 채소들도 모두 시들시들했어요.

어떤 채소는 채 잎을 피우지도 못하고 말라 있었어요.

"어? 채소들이 왜 이렇지?"

이상하게 여긴 엄마는 채소들을 살펴보다가 이상한 것을 발견했어요. 텃밭의 흙이 예전처럼 부드러워 보이지 않았던 거지요. 엄마는 흙을 만져 보았어요. 그랬더니 흙이 딱딱해진 것이 아니겠어요?

"이상하네. 밭이 왜 이렇게 변했지?"

엄마는 호미를 가져와서 텃밭을 파 보았어요. 그런데 아무리 파도 지렁이가 보이지 않았어요.

그때 학교에서 돌아온 승민이가 텃밭에 있는 엄마에게로 달려왔어요.

"엄마, 뭐하세요?"

"응, 아무래도 지렁이가 우리 집 텃밭을 떠난 것 같구나."

"지렁이가요? 그걸 어떻게 알아요?"

"텃밭의 흙을 좀 보렴. 흙이 예전보다 딱딱해졌지? 그리고 채소들도 모두 시들거려."

텃밭을 둘러보던 승민이가 놀란 표정을 지었어요.

"정말, 그러네요. 그래서 엄마가 땅을 판 거예요?"

"응, 땅속에 지렁이가 없으면 땅이 딱딱하게 굳는단다. 그러면 식물들이 살 수가 없어."

"그러면 어떡해요?"

"휴! 지렁이가 없으니까 우리 텃밭도 딱딱해져서 채소들이 잘 자라지 않을 테니 걱정이야."

엄마가 시들시들한 상추와 방울토마토를 만지며 한숨을 쉬었어요.

"엄마, 내가 지렁이 보고 징그럽고 싫다고 했더니 지렁이들이 모두 이사 갔나 봐요. 나 때문이에요."

승민이가 슬픈 목소리로 말했어요.

"아니야, 승민아. 너 때문에 그런 것이 아니야. 지렁이는 다시 돌아올 거야."

엄마가 다정한 목소리로 승민이를 위로했어요.

"그럴까요? 지렁이가 꼭 다시 왔으면 좋겠어요. 지렁이야, 미안해. 다시 돌아와 줘."

승민이가 울먹였어요.

그때 승민이네 텃밭으로 돌아오던 지룡이와 친구들이 승민이의 목소리를 들었어요.

"애들아, 승민이가 우리를 기다리고 있었나 봐."

지렁이가 놀라서 친구들에게 말했어요.

"그러게. 승민이가 우리에게 미안하다고 했어."

"그것 봐, 잘 돌아왔잖아!"

"드디어 우리의 집으로 돌아왔다. 야호!"

지렁이 친구들이 환호성을 질렀어요.

지렁이와 친구들은 승민이네 텃밭으로 돌아와서 무척 기뻤어요. 무엇보다 승민이의 말을 듣고 무척 신이 났지요.

지렁이와 친구들을 본 상추가 소리쳤어요.

"앗, 지렁이와 친구들이 돌아왔다."

상추의 말에 텃밭에 있던 채소들이 모두 반가워하며 소리를 질렀어요.

"애들아, 너희들이 다시 돌아와서 너무 좋아. 이제 다시는 떠나지 마!"

"너희를 다시 볼 수 있다니, 정말 기뻐."

상추와 방울토마토가 지렁이와 친구들을 반갑게 맞이했어요.

"너희가 없는 동안 승민이도 너희를 무척 그리워했단다."

상추가 신나서 말했어요.

"정말이야?"

"그럼. 지금도 너희들을 애타게 찾고 있잖아."

지렁이와 친구들을 본 상추는 금세 활기를 되찾았어요.

"그래, 맞아. 나도 승민이가 보고 싶었어."

지렁이가 승민이를 보기 위해 텃밭 가장자리로 나왔어요. 친구들도 따라 나갔어요.

승민이는 엄마와 함께 상추 잎을 만지고 있었어요.

지렁이는 꿈틀대면서 승민이를 향해 고개를 빼꼼 내밀었어요. 햇살이 따스하게 지렁이를 비췄어요.

상추 아래 지렁이를 본 승민이가 엄마를 향해 소리쳤어요.

"엄마, 여기 지렁이가 있어요. 지렁이가 다시 돌아왔어요."

엄마도 지렁이를 보고는 환하게 웃었어요.

"정말, 지렁이가 돌아왔네!"

"아이, 좋아! 이제 우리 텃밭에도 지렁이가 다시 살 수 있게 되었어요."

엄마와 승민이가 무척 기뻐했어요.

지룡이와 친구들도 덩달아 기분이 좋아졌지요.

엄마가 지룡이를 엄마 손바닥 위에 올려놓았어요. 엄마의 손바닥은 아늑하고 따듯했어요. 승민이는 얼굴을 찌푸리기는 했지만 징그럽다는 말은 하지 않았어요.

"어디 갔다 이제 왔니? 기다렸단다."

엄마가 지룡이를 향해 말했어요. 기분이 좋아진 지룡이가 몸을 한 번 꿈틀거렸어요.

"너도 한번 만져 볼래?"

엄마가 승민이에게 지룡이를 내밀었어요.

지룡이는 깜짝 놀라서 엄마 손바닥 안에서 꿈틀거렸어요. 승민이가 징그럽다고 할까 봐서지요.

"지렁이가 소중한 것은 알겠지만 만지기는 좀……."

승민이가 고개를 저으며 외면했어요.

"승민아, 지렁이를 만져보면 징그럽다는 생각이 없어질지도 몰라. 엄마 손바닥 위에서 지렁이가 가만히 있잖아. 너도 지렁이를 기다렸잖니."

"그러네요. 그럼 만져 볼까?"

승민이는 호기심이 일었어요. 승민이는 눈을 질끈 감고 엄마에게 손바닥을 내밀었어요. 엄마가 승민의 손바닥 위에다 살짝 지롱이를 옮겨 놓았어요.

지롱이는 긴장이 되었지만 엄마의 손에서 승민이의 손바닥 위로 옮겨 갔어요.

눈을 꼭 감고 있던 승민이는 촉촉하고 부드러운 느낌에 눈을 떴어요. 손바닥 위에 붉은색 지렁이가 놓여 있었어요.

그런데 신기하지요? 그동안 그토록 징그럽다고 여겼던 지렁이인데, 손바닥 안에 있는 지렁이는 전혀 징그럽게 느껴지지 않았어요.

"어라? 아무렇지도 않네요!"

승민이가 신기한 듯 엄마와 지렁이를 번갈아 보았어요.

"그것 봐. 막상 만져 보니까 징그럽다는 생각이 들지 않지? 무엇이든 생각하기 나름이야."

"맞아요. 지렁이가 우리에게 유익한 동물이라는 것을 알고 나니까 징그럽다기보다는 무척 소중하게 여겨져요."

엄마가 흐뭇한 미소를 지으며 승민의 머리를 쓰다듬었어요.

지렁이를 보고 징그럽다고 하던 승민이도 지렁이의 유익함을 알고 나서는 지렁이가 더 이상 징그럽게 느껴지지 않았던 거지요.

지렁이는 승민의 말을 듣고 안심이 되었어요.

"지렁이야, 놀라지 마. 나는 이제 네가 전혀 징그럽지 않아."

지렁이도 기분이 좋아져서 꿈틀거렸어요.

"엄마, 지렁이가 꿈틀거리는 걸 보니 기분이 좋은가 봐요."

"그러게. 아무래도 지렁이가 우리 승민이를 좋아하는 것 같아."

"저도 지렁이가 좋아졌어요."

승민이의 목소리가 맑게 울려 퍼졌어요.

지롱이는 너무 기뻐서 몸을 꿈틀거렸어요. 승민이도 환하게 웃었어요.

"얘들아, 들었어? 승민이가 우리를 좋아한대."

"무척 기분 좋은 말이야. 돌아오길 정말 잘했어."

"이제 승민이가 우리를 봐도 징그럽다고 하지 않고 밟지도 않을 거야."

지롱이와 텃밭에 있는 지롱이 친구 모두 기분이 무척 좋아졌어요.

승민이는 지롱이를 텃밭에다 얌전히 내려놓았어요.

"엄마, 지렁이는 흙도 먹지만 음식 찌꺼기랑 과일 껍질 같은 것을 좋아한다고 했지요? 아까 사과 먹고 남은 것이 있는데, 지렁이 줄래요. 지렁이들이 배고플지도 모르잖아요."

엄마가 승민이의 머리를 쓰다듬었어요.

"그래, 엄마가 과일 껍질을 모아 놓은 것이 있으니 가져다 텃밭에다 묻어 주어야겠구나."

"제가 지렁이 밥을 줄래요."

엄마가 부엌에서 과일 껍질과 음식 찌꺼기를 가져다 승민이에게 주었어요.

"지렁이야, 과일 껍질이랑 밥 남은 거 가져왔어. 많이 먹고 기운 내."

승민이가 부드럽게 말하면서 과일 껍질과 밥을 땅속에다 넣어 주었어요.

"우와, 과일 껍질이다. 얼마 만에 먹는 거야?"

"그러게. 옆집 텃밭에서는 구경도 할 수 없었는데."

"아웅, 맛있다. 냠냠냠!"

지룡이와 친구들은 모처럼 맛있는 과일 껍질을 마음껏 먹을 수 있었어요. 과일 껍질을 먹고 나자 기운이 샘솟는 것 같았어요.

"얘들아, 우리 배도 부른데 예전처럼 누가 길게 땅굴을 파나 시합할까?"

지룡이가 기분 좋은 목소리로 말했어요.

"그래, 배가 부르니까 소화도 시킬 겸 굴을 파자."

"좋아, 좋아!"

지렁이와 친구들이 땅굴을 파기 시작했어요. 그런데 땅굴이 예전처럼 잘 파지질 않았어요.

"어라? 땅이 우리가 있을 때보다 딱딱해진 것 같지 않니?"

땅굴을 파던 지렁이가 말했어요.

"그러게, 흙이 부드러웠었는데 많이 딱딱해졌어."

그때 상추가 말했어요.

"맞아. 너희들이 없으니까 땅굴도 없어졌어."

"땅굴이 없으니까, 땅도 딱딱해지고 신선한 산소도 마실 수 없었어."

"분변토가 없으니까 영양분을 섭취하지 못해 기운이 없어."

상추와 방울토마토가 애원하듯 말했어요.

"어서 땅굴을 파 줘. 우리가 응원할게."

"그래, 얼른 땅굴을 파 줘야 신선한 공기도 들어오지."

채소들이 응원을 시작했어요.

"알았어. 얼른 땅굴을 파자. 그래서 예전처럼 부드러운 흙으로 만드는 거야."

지렁이의 말에 친구들 모두 신나게 땅굴을 파기 시작했어요. 영차, 영차, 으쌰으쌰 땅굴을 팔 때마다 고소한 흙냄새가 났어요.

지렁이와 친구들이 땅굴을 열심히 파자 승민이네 텃밭 땅은 예전처럼 다시 부드러워졌어요.

승민이는 지렁이와 친구들이 돌아온 날 이후로 과일을 먹으면 얼른 그 껍질을 화단에 심었어요.

"지렁아, 이 과일 껍질 먹고 무럭무럭 자라서 땅을 부드럽게 해 줘. 나는 너희들이 좋아."

지렁이와 친구들은 승민이 말에 무척 기뻤어요.

"애들아, 승민이가 또 과일 껍질을 가져왔어. 어서 맛있게 먹자."

지렁이가 친구들을 불러 모았어요.

"과일 껍질은 언제 먹어도 맛있어, 냠냠냠!"

"승민이가 너무 좋아, 챱챱챱!"

지렁이와 친구들은 승민이가 준 음식 찌꺼기와 과일 껍질을 사각사각 소리를 내면서 자기 몸무게만큼 많이 먹었어요. 그러고는 먹은 양의 반이나 똥을 누니, 몸도 아주 튼튼해지는 것 같았어요.

기분이 좋아진 지렁이와 친구들은 땅굴을 파고 들어가 행복하게 잠을 잤답니다.